#movimentovamosjuntas

vamos

Babi Souza

juntas?

1ª edição

— Galera —
Rio de Janeiro
2016

Copyright © Babi Souza, 2016
Todos os direitos reservados.
Proibida a reprodução, no todo ou em parte, através de quaisquer meios.
Os direitos morais do autor foram assegurados.

Texto revisado pelo novo Acordo Ortográfico da Língua Portuguesa.

Direitos exclusivos desta edição reservados pela
EDITORA RECORD LTDA.
Rua Argentina, 171 - Rio de Janeiro, RJ - 20921-380 - Tel.: (21) 2585-2000

Design de capa, design de miolo,
pesquisa e manipulação de imagens: Tita Nigri

Pictogramas: Human Pictogram 2.0 website
criado por Da-Yama/TopeconHeroes

Identidade visual do *Vamos Juntas?*: Vika Schmitz

CIP-BRASIL. CATALOGAÇÃO NA PUBLICAÇÃO
SINDICATO NACIONAL DOS EDITORES DE LIVROS, RJ

S969v
Souza, Babi
Vamos juntas? – O guia da sororidade para todas / Babi Souza. - 1. ed. -
Rio de Janeiro : Galera Record, 2016.

ISBN 978-85-01-10751-0

1. Mulheres - Psicologia. 2. Feminismo. 3. Mulheres - Condições sociais. I. Título.

16-29972   CDD: 305.42
            CDU:316.346.2-055.2

Impresso no Brasil
ISBN 978-85-01-10751-0

Seja um leitor preferencial Record.
Cadastre-se e receba informações sobre nossos lançamentos e
nossas promoções.

Atendimento e venda direta ao leitor:
mdireto@record.com.br ou (21) 2585-2002

ABDR
ASSOCIAÇÃO BRASILEIRA DE DIREITOS REPROGRÁFICOS
CÓPIA NÃO AUTORIZADA É CRIME
RESPEITE O DIREITO AUTORAL
EDITORA AFILIADA

sumário

07 prefácio

13 da internet para o Brasil

39 so.ro.ri.da.de, sub. fem.

63 ei, vamos juntas?

81 empoderar é necessário

101 sim, estamos falando sobre feminismo

121 sejamos a esperança, sigamos juntas!

126 gratidão

129 cards

À minha afilhada Antônia,
que, quando ela se torne mulher,
a importância da sororidade seja óbvia.

prefácio

Quem está do nosso lado no momento em que a gente mais precisa? Podem ter certeza de que será uma mãe, uma irmã, uma amiga ou, simplesmente, uma mulher como qualquer outra que, independentemente de raça, credo, condição econômica e até mesmo política, se compadece da nossa dor. Nem todo mundo que é mulher é assim, e mesmo quem é assim de um modo geral pode não ser assim todo o tempo. Mas é um fato que as mulheres, nos momentos mais difíceis, exercitam ou adquirem uma cumplicidade com a própria condição feminina.

Acontece que muita gente foi ensinada a acreditar no mito da rivalidade feminina. Trata-se de um mito próprio da ideologia da dominação masculina que se sustenta em mil invenções sobre uma suposta natureza feminina avessa à condição das mulheres como seres capazes de apoiar e ajudar umas às outras. Ora, a manutenção do poder patriarcal precisa que se evitem certos pensamentos e ações que as mulheres possam ter. A união das mulheres é tida nesse contexto como um perigo que se deve evitar.

Não devemos, contudo, com a crítica do mito da rivalidade feminina, criar o mito da mulher naturalmente compadecida. Como se as mulheres não fossem seres humanos iguais a outros quaisquer, que experimentam todos os tipos de afetos, dos mais bonitos, como a compaixão, até os mais odientos e perversos.

É fato que as mulheres foram ensinadas a serem mulheres e que isso envolvia o aprendizado do cuidado, de uma maneira de ser que implicava a proteção do outro. Com os homens formados para caçar, conquistar, dominar, mandar e matar, isso se perdia de vista. As profissões femininas derivaram desses aprendizados reservados às mulheres e dos controles externos para que as mulheres não se aventurassem em nada muito diferente do que se exigia no mundo da casa.

Isso tudo num sistema sexista e machista em que se tentava moldar o caráter de meninos e meninas. Aquilo que hoje chamamos de gênero tem a ver com esses papéis criados para o bem do patriarcado que servia aos homens. E todo mundo sabe aonde isso nos levou.

Ora, as mulheres desenvolveram habilidades relativas ao cuidado, porque foram trancadas dentro de lares e neles aprenderam a proteger maridos e filhos e, sobretudo, a servi-los. Contos de fadas, romances e filmes, narrativas sobre mulheres feitas pelos homens, nos mostram como é fácil criar lendas e fortalecer mistificações sobre o caráter subalterno e submisso das mulheres. Inventou-se por esse caminho a ideologia da mulher sensível e maternal, mas também da megera, da ressentida, da mal-amada.

Esses termos usados ao longo da história para menosprezar e humilhar mulheres serviram sempre para o mesmo objetivo que era separar as mulheres delas mesmas, evitar que estivessem juntas, que se unissem e assim ajudassem umas às outras a entender os jogos de poder nos quais estavam envolvidas. Quando puderam se unir, acabaram fazendo o que deviam e queriam fazer: reinvindicar direitos. Brigaram por espaço, por tempo, por si mesmas.

Quem usa o poder e a dominação sabe muito bem que a união é um perigo político. Todas as vezes na história em que as mulheres se uniram, o mundo mudou. E mudaram o sentido do poder.

Hoje, a luta feminista se dá nas duras esferas do poder, mas também no cotidiano, ali onde é preciso mudar a cultura nas suas estruturas mais sutis nas quais o preconceito avança.

Hoje, o que chamamos de sororidade, o "olhar carinhoso para a mulher ao lado", apresentada de um modo tão convidativo nesse livro, tem tudo a ver com a ação ética — que é também política — de eliminar o jogo de preconceitos lançados com os piores interesses sobre as muheres, muitas vezes esperando que elas mesmas venham a jogá-lo. As mulheres não vão mudar esse estado de coisas que as aviltam, sozinhas. A conquista de si mesmas, da autonomia, da soberania é algo que se pode fazer com as outras. A sororidade é uma prática diária de respeito às outras e de companheirismo em tempos de barbárie por meio da qual se busca uma vida melhor e mais justa para todo mundo.

Marcia Tiburi

da internet para o Brasil

Nasce um movimento

A vida de agência de comunicação é corrida, e às vezes nem vemos a hora passar. Naquela noite, por exemplo, o expediente já havia encerrado. Demorei para me dar conta, pois estava concentrada nas demandas do dia. Quando consegui me livrar de todos os textos e tarefas, lembrei que existia vida lá fora e que precisava ir embora. Era uma sexta-feira de inverno típico do Rio Grande do Sul, e, ao pensar no caminho longo que teria de fazer para chegar em casa, senti um arrepio. Apesar do termômetro marcar 10 graus, aquele arrepio não foi de frio.

Do meu antigo trabalho até a minha casa, segundo o Google Maps, são 34 minutos de carro, 58 minutos de bicicleta ou 1 hora e 21 minutos de transporte público. A minha única opção plausível era a terceira, o que envolvia pegar dois ônibus. Todos os dias eu podia escolher entre dois caminhos e, dessa forma, alternar o local da baldeação.

Passei alguns minutos decidindo qual seria o trajeto daquela noite, medindo os prós e contras de cada um. "É o caminho mais longo, porém fico menos tempo esperando na segunda parada. Fico menos tempo esperando na parada, mas preciso passar pela praça deserta. Se fizer o caminho alternativo, pego o primeiro ônibus em um ponto mais seguro, só que a parada do segundo ônibus é mais isolada", especulei.

Foi quando percebi a triste realidade: era inútil tentar encontrar o percurso mais seguro. As minhas duas opções eram ruins, porque era tarde e, principalmente, porque sou mulher. Fui tomada por um sentimento de desesperança muito grande. "Que coisa triste é ser mulher!", esbravejei. Por alguns instantes me perguntei o que eu poderia fazer para garantir meu direito de andar livremente na rua; como conseguiria viver o tempo todo com essa preocupação? Cheguei a pensar em trabalhar de casa, apenas para tentar me livrar do medo de ser assediada, assaltada, ou, principalmente (o pior medo de todos), violentada.

Depois de alguns segundos de angústia, cansada daquela dúvida, tomei coragem e saí sem saber ao certo qual caminho faria, mas com a certeza de que, assim como todas as mulheres, tenho o direito de estudar, trabalhar, conquistar meus sonhos e ser senhora da minha própria vida, como dizia minha avó. Naquele momento, a solução que encontrei foi rezar para que nada ruim acontecesse.

Segui pela rua escura e fria, percebendo que o caminho já estava um pouco deserto. O ponto de ônibus ficava só a alguns metros do meu trabalho, o que me tranquilizava todos os dias. Quando eu estava me aproximando do local, por sorte, o ônibus chegou. "Ufa! Pelo menos isso", pensei. No ônibus, é claro, há mais pessoas por metro quadrado que na rua, e sempre temos a esperança de encontrarmos um cobrador atento à integridade física e moral dos passageiros. Inconscientemente isso tudo conta pontos na minha mente.

Lembrando do medo que senti antes mesmo de sair do trabalho, olhei ao redor, observando a quantidade de mulheres naquele ônibus. À exceção de um ou dois homens, a maioria dos assentos estava ocupada por mulheres. "Será que todas elas estavam com o mesmo receio que eu ou será que havia alguma coisa errada comigo, que sentia tanto medo por ser mulher?"

Chegando ao ponto final da linha, meu coração estava apertado novamente. Eu desceria em uma praça muito escura e deserta no centro de Porto Alegre e tinha que, obrigatoriamente, atravessá-la para pegar o segundo ônibus. Antes que o veículo parasse de fato, percebi que todas as passageiras já estavam de pé, agarradas a suas bolsas e prontas para sair correndo, como na largada de uma pista de corrida. Quase pude percebê-las transformando o semblante de cansaço em uma expressão fechada, agressiva, algo que transmitisse um pouco de segurança.

As portas se abriram, e as mulheres dispararam, desceram, ou praticamente pularam, do ônibus. Parecia uma gincana em que a prova era chegar o mais rápido possível a um lugar seguro. Era a gincana da vida, da vida de uma mulher. Depois de descer, cada uma foi para seu lado, e é claro que comigo não foi diferente. Agarrei a mochila, fiz a maior cara de má que pude e saí correndo, rumo à segunda parada.

Foram poucos minutos, no máximo cinco, mas que sempre valiam por muitos, pareciam não ter fim. Alguns minutos sem olhar para os lados, caminhando com firmeza, sem nem perceber direito onde pisava e praticamente sem respirar de tanto medo.

Ao chegar no ponto de ônibus, tive a maior das surpresas: olhei para os lados e percebi que várias das mulheres ali também estavam no primeiro coletivo comigo. "Poxa, a gente fez o mesmo caminho!", pensei. Elas haviam passado pela mesma praça escura e, certamente, com tanto medo quanto eu. "Por que não fomos juntas?", me perguntei, e decidi que da próxima vez que descesse do ônibus e precisasse atravessar aquela praça, convidaria uma delas para fazer o trajeto comigo. Afinal, se temos os mesmos medos, por que não nos unimos?

Bem ali, naquela parada, tive o *insight* do que seria o **Vamos juntas?**. Me unir a outras mulheres para inibir o assédio e qualquer tipo de violência me pareceu um conceito muito simples, mas ao mesmo tempo funcional e libertador. Senti que precisava compartilhar aquela ideia com as minhas amigas. Em questão de segundos já tinha na mente o nome do movimento, as cores que o estampariam e a até a descrição: "Já andou sozinha pela rua e se sentiu em situação de risco? A menina que está ao seu lado também."

Primeiro, pensei em publicar um texto sobre isso no meu perfil pessoal do Facebook, mas a experiência que adquiri trabalhando em uma agência digital me aconselhou a fazer uma arte para engajar aquelas frases. Foi assim que pedi a ajuda da Vika, uma amiga estudante de design gráfico e que sempre me pareceu atenta aos direitos das mulheres. Ela adorou a ideia e aceitou fazer a primeira imagem do que hoje é a identidade visual do movimento. Publiquei o card, tremendo, como que pressentindo a importância que aquela ideia teria dali em diante.

"Só as mulheres entendem o alívio que é olhar para trás na rua e ver que quem está atrás de você é outra mulher. Na próxima vez que estiver em uma situação de risco (à noite, num lugar pouco movimentado), observe: do seu lado pode haver outra mulher passando pela mesma insegurança. E se vocês fizessem juntas esse trecho do caminho? De quebra você ainda bate um papo e, quem sabe, faz uma amiga!"

Primeiro card do *Vamos juntas?* A princípio compartilhado no perfil pessoal da criadora do movimento e, posteriormente, na página oficial.

Em poucos minutos aquela imagem foi curtida, comentada e compartilhada com uma intensidade assustadora. Depois de uma hora, diversas meninas de fora do meu círculo de amizade estavam usando a hashtag e divulgando o *Vamos juntas?*. Pela primeira vez senti o impacto que aquela sugestão tinha para as mulheres.

A repercussão e o número de mulheres querendo saber mais informações sobre o movimento (pois achavam que já era um projeto estruturado) foram tão grandes que resolvi criar a página no Facebook com a ajuda da Stephanie Evaldt, amiga, socialmedia e, na época, colega de trabalho. No início, o objetivo era apenas unir aquelas pessoas que haviam simpatizado com a proposta. Em meio a uma tarde cheia de tarefas e na correria da agência, surgiu, de fato, o movimento *Vamos juntas?*.

Em 24 horas, a página atingiu cinco mil curtidas. Em 48 horas, 10 mil. Em seis dias, 50 mil. Em duas semanas e meia, chegamos a 100 mil seguidores de todos os cantos do país. Foi um crescimento estrondoso! No momento em que meu telefone não parava mais de tocar e meu perfil no Facebook não me deixava trabalhar de tantas notificações, pressenti que algo incrivelmente interessante estava começando a acontecer. E estava mesmo.

Início do *Vamos Juntas?* em 30/7

Mais de 5 mil curtidas em 24 horas

10 mil curtidas em 48 horas

50 mil curtidas em 6 dias

100 mil curtidas em 2 semanas e meia

230 mil curtidas em 2 meses e meio!

Um movimento que inspira confiança e amor

vamos juntas?

– Oi, estou indo para aquele lado, vamos juntas?

Se não for amizade, vira.
Se já for, fortifica. <3

Desde o começo da página, já dava para sentir que aquela sugestão de que mulheres andassem juntas nas ruas e olhassem para a companheira ao lado de forma carinhosa mexia demais com as meninas que entravam em contato com o movimento. Elas estavam extasiadas com a ideia e precisavam compartilhar com as amigas. Era como se, dessa forma, estivessem construindo uma rede que as deixaria mais seguras num futuro próximo. Já no primeiro dia recebemos comentários de muitas mulheres dizendo que faziam questão de convidar todas as amigas para curtir a página e outras tantas pedindo autorização para usar a imagem da hashtag do movimento como foto de capa do próprio perfil na rede social. Foi uma manifestação de empatia e de carinho instantânea, incrível e emocionante.

Ainda no primeiro dia a página recebeu também a primeira história de uma mulher que já havia colocado o *Vamos juntas?* em prática antes mesmo de conhecer o movimento. Aquele depoimento me soou como uma fonte de esperança muito grande e me mostrou que, sim, é possível se sentir (e de fato estar) mais segura se estivermos juntas. A história me encheu de felicidade de uma forma tão intensa que eu quis passar essa sensação para as seguidoras do *Vamos juntas?* compartilhando aquele relato.

Desde que publicamos o primeiro depoimento na página do *Vamos juntas?*, a caixa de mensagens não parou mais. Muitas mulheres contavam como tinham colocado a ideia em prática e como isso havia mesmo mudado a experiência de andar pelas ruas. Agora elas estavam mais atentas não só em relação a si mesmas, mas também às desconhecidas a sua volta.

Primeira história compartilhada pelo *Vamos juntas?*. Foi inspiração para que as participantes da página enviassem suas histórias também.

Aconteceu comigo, cerca de duas semanas atrás. Era uma noite de domingo e uma senhora, quando me viu, parou na calçada para me esperar. Ela estava saindo do teatro, e eu, indo para casa. Eu a deixei na porta do seu prédio. Muito show a iniciativa deste movimento, parabéns!

Bruna Fernanda Suptitz,
Porto Alegre, RS

* * *

Estava no ônibus e notei que um homem levantou de onde estava sentado sozinho e sentou ao lado de uma moça. Reparei que a moça estava encolhida no canto e o cara quase em cima dela. Meu coração disparou e, sem pensar duas vezes, levantei e falei: "Ei, menina, quanto tempo! Que saudade!" O homem se levantou, foi para outro lugar e logo depois desceu do ônibus. Fomos juntas até o nosso destino que, por incrível que pareça, era o mesmo. Mas o mais importante foi que isso só aconteceu por causa dessa página. Obrigada por abrirem meus olhos! <3

Lais Santos, Serra, ES

Apesar da felicidade de ver que a ideia estava mesmo sendo propagada, ficávamos angustiadas a cada história que recebíamos. Isso porque muitas eram relatos de mulheres que tinham passado por algum tipo de assédio ou violência na rua. Algumas tiveram a sorte de serem salvas por uma companheira que estava presente no momento; outras nos procuravam para desabafar. "Preciso contar para vocês o que ocorreu comigo quando eu ainda não conhecia o Vamos juntas?", escreveu uma moça. Ela havia sofrido violência sexual quando voltava do trabalho para casa. "Espero que esse projeto salve as meninas para que elas não precisem passar pelo que passei. Quem sabe se eu tivesse conhecido o Vamos juntas? antes do ocorrido, nada teria acontecido comigo", desabafou.

Muitas delas nunca sequer haviam contado para alguém episódios de dor que passaram na rua, mas se sentiam à vontade para compartilhar a história com o movimento. "Ufa! Agora já estou me sentindo um pouco melhor", disseram algumas, ao final de um doloroso relato.

26

Segunda história contada na página e a primeira sobre uma mulher que tinha sido salva por outra de um assediador.

Eu tinha 16 anos e peguei um metrô cheio, em pé, e um homem ao meu lado me olhava sem qualquer discrição. Eu já estava apavorada e decidida a ficar no metrô até o homem ir embora, com medo de que ele me seguisse. Nesse momento, uma senhora olhou pra mim, e falou: "Oi, Carol (nome aleatório), nem te reconheci. Como vão seus pais?" Entrei na dela e encenamos uma conversa de elevador. Duas estações depois ela falou: "Você também desce aqui, né?", concordei, e saímos juntas para depois pegarmos, as duas, o trem seguinte (também não era a parada dela). Acho que foi meu primeiro contato com a sororidade.

Laís Fraga, São Paulo, SP

Nesse momento percebemos que uma das grandes missões do movimento seria mostrar para as mulheres que se cuidarmos umas das outras podemos mesmo nos safar de muitas situações dolorosas e que aquelas histórias seriam ferramentas de inspiração. Entrar em contato com cada relato fazia com que as mulheres se colocassem no lugar de outras e que sentissem aquele quentinho no peito chamado sororidade. Um exemplo é esta mensagem enviada por uma seguidora da página: "Eu me arrepio só de ler, por imaginar que poderia ter sido comigo, e sinto um enorme carinho pela moça que passou por isso." Essa compaixão mostra que somos muito mais irmãs do que a maioria imagina.

Não adianta, quando o assunto é violência nas ruas, se uma sofre, é como se todas nós fôssemos violentadas. E, além disso, esse sentimento é algo que só nós entendemos. Afinal, o nosso medo é diferente do medo dos homens: não tememos apenas que levem nossos bens materiais, tememos que levem a nós mesmas. E tendo isso como uma verdade para tantas mulheres, enxergar umas nas outras uma segurança em cada rua escura foi perceber uma centelha de esperança de que podemos mudar o mundo.

Só nós sabemos, só nós nos entendemos. E foi com esse pensamento que passamos a responder cada mensagem com a certeza de que ainda é muito difícil ser mulher em nossa sociedade. Mas estamos juntas e a dor de uma é a dor de todas. Assim, em um esforço quase sobre-humano, tentamos responder o mais rápido possível cada uma das mensagens que chegam à página todos os dias. Tentamos, em cada frase e em cada palavra, acolher uma a uma dessas mulheres que confiam no movimento para contar seus traumas, suas dores e dividir suas lágrimas. Essas meninas, muitas vezes sem nem saber quem está do outro lado do computador, sentem que, de algum modo, estamos juntas.

SÓ AS mulheres entendem o ALÍVIO de olhar para TRÁS na rua e ver que a pessoa que está CAMINHANDO atrás de você é outra mulher.

Cada história uma inspiração

Sou do tipo de jornalista que assiste pouco à TV e que oculta notícias negativas no feed do Facebook. Isso porque, mesmo antes de entrar na faculdade, percebi que a imprensa sobrevive do medo e nunca gostei disso. No início do curso, quando me perguntavam com o que eu pretendia trabalhar, sempre respondia que, para mim, mais importante que o veículo era o tipo de assunto com o qual eu trabalharia.Na minha visão, noticiar a violência apenas por noticiar era como cultivar diariamente uma chaga na sociedade.

Depois de formada, o plano continuou na minha mente: não falar dos acontecimentos negativos apenas por falar, mas falar, quando for preciso, apresentando uma solução e sempre a partir de uma perspectiva positiva. Tentei colocar isso em prática em todos os veículos em que trabalhei, e no *Vamos*

juntas? não poderia ser diferente. Percebi, depois da repercussão da primeira história postada na página, que divulgar aqueles depoimentos era uma ferramenta de inspiração enorme. Logo lembrei-me do meu ideal de profissão e defini que todas as histórias publicadas ali sempre teriam um teor de esperança.

Outro dia voltando do médico tive que passar por um caminho deserto e pouco iluminado, estava observando em volta e quase correndo para passar o mais rápido possível. Foi quando olhei para trás vi uma menina que também estava andando super-rápido. Continuei andando e notei que ela diminuiu o passo quando se aproximou de mim. Deixei que ela me alcançasse e andamos lado a lado sem falar nada, até uma avenida mais movimentada. Pode parecer bobeira, mas mesmo sem dizer uma palavra, mesmo sem conhecer aquela menina, sei da importância que a minha companhia teve para ela e da importância que a companhia dela teve pra mim. Como é bom não estar sozinha!

Mariana Lucas, Vitória, ES

Sim, estamos falando de insegurança e de violência contra a mulher, mas temos uma solução que é a nossa união, e a esperança deveria sempre ficar por conta do desfecho de todas as histórias escolhidas: no fim, tudo ficou bem. Um sonho? Que todas as mulheres se sentissem melhor depois que lessem cada história do Vamos juntas?.

Mesmo que fosse difícil, e em muitos casos até um grande desafio — afinal recebemos relatos dolorosos diariamente — busquei desde o início transformar o que havia de negativo e violento nos relatos em algo esperançoso. Há um episódio que ilustra bem como trazer a esperança através da sororidade parecia uma missão impossível. Uma menina procurou a página dizendo que precisava desabafar, mas que não se sentia à vontade de falar por ali e que entraria em contato pelo meu perfil pessoal.

Era quase dez da noite de uma quinta-feira, quando meu celular avisou que eu havia recebido uma mensagem. "Oi, aqui é seguro? Podemos conversar?", perguntou ela. Eu, sem imaginar o que me esperava, concordei e disse que estava ali para ouvi-la. A menina, hoje com 20 anos, havia sofrido violência sexual aos 15 e jamais havia tido coragem de contar para ninguém. "Hoje acordei e resolvi que precisava dividir isso com alguém, na mesma hora pensei no *Vamos juntas?*", contou. Eu fiquei em choque e, em prantos, respondi que não tinha nenhuma mensagem pronta para enviá-la, mas que naquele momento ela havia ganhado uma amiga e que estávamos juntas.

Conversamos por horas. Ela contou em detalhes como foi o estupro, como foi voltar para casa tentando lidar com aquela agressão e também quão difícil foi falar para alguém sobre toda aquela dor. Nem seu pai, nem sua mãe, nem sequer seu namorado sabiam do ocorrido. Depois do balde de água fria que foi ouvir pela primeira vez o desabafo de uma mulher tão jovem e que guardava esse trauma havia tanto tempo, me veio à mente a ideia de transmutar cada acontecimento, situação ou depoimento em otimismo.

"Como transformar em apoio a força dos milhares de mulheres do movimento?", indaguei. Tive então a ideia de divulgar na página o que havia acontecido, mantendo em sigilo a identidade da vítima, e na postagem pedi que as meninas enviassem palavras de apoio nos comentários e pensamentos positivos. Foi lindo!

Recebemos mais de quinhentas mensagens de suporte e carinho, inclusive de meninas que também já haviam sido violentadas sexualmente. No bate-papo, continuei conversando com a menina, que, depois de ver a postagem, comentou que não conseguia acreditar que todo aquele cuidado era voltado para ela. Até a sua melhor amiga, sem saber a real identidade da vítima, escreveu uma mensagem emocionante.

Ah, que dor que dá lembrar de um trauma. De uma dor tão forte e que a gente jamais pensou sentir. Menos mal que a vida não é feita só de dor, muito pelo contrário. É feita de tantos bons momentos que só então a gente acredita que faz sentido seguir em frente. O amor dos outros, uma boa risada com as amigas, uma conquista, um momentinho olhando pro céu e sonhando acordada. Tudo isso vale um milhão de vezes mais do que um passado doloroso. É energia pura e das boas. Se um dia a gente esquece uma dor? Nunca. Mas sempre chega o momento em que ela deixa de ser mágoa e vira força, coragem, uma mulher mais

Comentário mais curtido da publicação que contou com 204 likes cheios de amor.

forte! Quem sabe esse teu desabafo já não esteja mostrando isso? Luz pra ti, e muito amor no coração.

O apoio daquelas mulheres, mesmo desconhecidas, foi fundamental para que a menina desse a volta por cima. No dia seguinte, ela procurou ajuda psicológica pela primeira vez e hoje ela está trabalhando a possibilidade de contar para a família. Nesse dia, tive a certeza que vale a pena optar pela sororidade e pela esperança. Sempre!

vamos juntas?

"Por um mundo em que **nenhuma mulher** passe por nada de ruim.

Mas enquanto isso não acontece, que tenhamos **umas às outras <3**"

Nina Lessa, Rio de Janeiro

Mulheres por trás do Vamos juntas?

Por trás de uma página com a repercussão do *Vamos juntas?* existe muita dedicação. Mesmo com o apoio de amigas que me ajudaram muito no início do movimento, a responder mensagens, fazer a arte dos depoimentos e administrar os grupos (temos um grupo no Facebook para cada região do país), sempre há muito trabalho a fazer. A maior demanda são as mensagens que procuramos responder cuidadosamente uma a uma. Recebemos em média oitenta relatos por dia e, infelizmente, nunca conseguimos zerar a caixa de entrada. São mensagens de mulheres, jovens e adultas, de todo o país contando seus casos e desabafos, e todas merecem carinho e atenção.

Não foi à toa que um mês depois do lançamento do projeto optei por pedir demissão do meu emprego fixo em uma agência digital e resolvi viver de forma autônoma (criei a Bertha Comunicação) para dar conta das demandas do *Vamos juntas?*. E, mesmo assim, posso dizer que ainda não consegui. A interação com o público é bem grande em volume e também em intensidade e somado a isso ainda existem os processos para que as publicações aconteçam normalmente.

Além das histórias, postamos conteú--dos variados, desde reportagens sobre assuntos relacionados ao movimento até artes de ilustradoras homenageando o *Vamos juntas?*. Estas, por sua vez, são compartilhadas de acordo com o feeling do dia e do momento. Consigo dizer que a união de tantas mulheres ali faz com que a página tenha sentimento e até humor próprios, e fico atenta para esses sinais antes de cada publicação.

Além dos depoimentos, muitas ilustradoras enviam sua homenagem ao movimento. A da página seguinte é de Verônica Gelesson.

37

Vamos juntas?
e a sororidade

O conceito da página e do movimento foi construído aos pouquinhos. Diferente do que muita gente pensa, não houve um planejamento completo para o Vamos juntas?, muito menos um plano de comunicação. Tudo simplesmente foi acontecendo (como você viu no capítulo anterior) e ganhando seu jeitinho dia após dia.

Com o projeto tomando forma a cada postagem e a cada interação, ficava evidente que os comentários e as mensagens das seguidoras do Vamos juntas? eram especialmente importantes para a página. Eu lia atentamente toda frase, queria entender o que aquelas mulheres sentiam pelo movimento e do que elas precisavam. É engraçado: fui conhecendo o Vamos juntas? junto com elas.

Cinco dias depois do lançamento me deparei com o termo que definiria o projeto. Uma seguidora comentou "Sororidade <3" na imagem de capa da página. Li aquela palavra e a reconheci. Procurando por seu significado, encontrei:

"Sororidade é a união e aliança entre mulheres, baseadas na empatia e companheirismo, em busca de alcançar objetivos em comum."

vamos juntas?

SO.RO.RI.DA.DE

substantivo feminino

1. Grupo de irmãs.
2. Reunião entre mulheres que se reconhecem irmãs formando um grupo político e ético na luta pelo feminismo contemporâneo.
3. Essa coisa **linda** que tem acontecido por aqui. <3

42 Naquele momento, ficou clara a preciosidade daquilo que o movimento precisava explorar. O que eu chamava de "olhar carinhoso para a mulher ao lado" já tinha nome, era revolucionário e se encaixava em todas as vivências cotidianas das mulheres — e não só na rua, mas em qualquer situação de insegurança.

A tal sororidade

O primeiro obstáculo para entender a sororidade já está no próprio termo. Quando você o procura na internet, os buscadores podem sugerir a palavra "sonoridade" e às vezes o corretor ortográfico dos celulares e tablets também desconhece a grafia. Não rola nem procurar num dicionário de língua portuguesa: nem todos têm a palavrinha. Sororidade vem de "sóror", que no latim significa "irmã"; é a ideia de um grupo de irmãs, mulheres unidas.

No inglês, *sorority* é atrelado a um conjunto de moças estudantes, feito os famosos grupos das universidades de países como Estados Unidos e Canadá, que moram juntas durante a faculdade. Muitas vezes para fazer parte de uma irmandade dessas é preciso até passar por provas elaboradas pelos membros mais antigos. Esses grupos criam uma relação de amizade e parceria bastante forte que dura anos, inclusive depois da faculdade, mas você já deve ter visto nos filmes: quando se trata das *sororities*, elas normalmente são retratadas como mulheres fúteis que vivem em conflito.

"Sororidade" é a versão feminina da palavra "fraternidade", da qual o prefixo "frater" quer dizer irmão. Muitas pessoas usam de forma equivocada a expressão "fraternidade" para grupo de mulheres por desconhecer a existência da "sororidade". E a razão de uma ser difundida na nossa língua e a outra não já é uma boa reflexão a se fazer. Raro é encontrar alguém que não reproduza o discurso de que irmandade mesmo existe apenas entre os homens, e que, nós, mulheres não temos essa capacidade.

Além disso, achar que a palavra "fraternidade" serve para os dois gêneros está no mesmo balaio que dizer "o homem" referindo-se à humanidade, uma vez que esta é composta de homens E mulheres.

Um exemplo de como a generalização dos gêneros pode passar despercebida é o nome da creche que eu frequentei, "Garoto Sapeca". Ela era para ambos os gêneros, mas se o nome fosse "Garota Sapeca" causaria estranheza aos pais dos meninos, certo? O engraçado é que com o termo masculino isso não acontece. Quantas de vocês não estudaram sobre ou vivenciaram algo parecido? Quantas de vocês se incomodaram com o gênero nos termos? O masculino representar o feminino é considerado normal e aceitável em nossa sociedade. E o verdadeiro significado disso é bem pior do que pode parecer.

Se você não conhecia a sororidade e nunca percebeu como ela faz falta na sua vida, prepare-se: a partir de agora vai começar a observá-la. No início, pode ser desesperador, mas lembre-se: é o momento de fazermos diferente. Quando se deixa de andar na rua ao lado de outra mulher que pode estar se sentindo tão insegura quanto você, a sororidade faz falta. E esse é apenas um exemplo, e dos mais grosseiros.

Não sei se a ausência da sororidade gera rivalidade ou se acreditar que somos rivais é que gera a ausência da sororidade, mas não importa. O fato é que fomos ensinadas a achar que não temos motivo para nos unirmos ou ainda que mesmo se quisermos nos unir, isso não é possível, afinal, somos mulheres e apenas os homens são capazes de ter laços verdadeiros e intocáveis. E é aí que a sociedade todinha está enganada.

Era fim de tarde e só estávamos eu e ela no ponto quando apareceu um homem transtornado. Resolvi ir para outro ponto próximo. Falei para a menina que era melhor não ficarmos ali e perguntei se ela poderia pegar o ônibus na outra parada também, mas ela não podia. Resolvi acompanhá-la até o ponto de ônibus que serviria para nós duas. Fomos juntas, conversando e aliviadas. Nunca mais a vi e nem lembro seu nome, mas posso dizer que naquele dia a sororidade nos fez amigas.
Bárbara Medeiros, Natal, RN

Sororidade X Machismo ou A competição pelo sapatinho de cristal

Observe o perfil dessas mulheres:

Perfil 1

Ela adora animais e sonha em se casar desde sempre. As mulheres à sua volta não gostam muito dela devido à sua beleza e algumas, inclusive, já chegaram a desejar a sua morte. Seu hobby é faxinar.

Perfil 2

É uma mulher sonhadora e seus melhores amigos são ratos. É ela que faz todo o serviço doméstico da casa e as outras mulheres da família não gostam nadinha dela. Com a ajuda de um ser não humano, ela aprende a se arrumar e consegue impressionar o "bom partido" da cidade.

Perfil 3

Bastante reservada, essa adora ler! Os livros sempre foram a sua melhor companhia. Ela se apaixona por um homem que não é o mais aprovado pela sociedade, mas não se importa. Vive reclusa com ele, apenas os dois.

Perfil 4

Uma mulher linda e cheia de talento, mas predestinada a um carma rogado por outra mulher. Aos 16 anos desmaiou e só voltou à consciência quando um homem lindo e rico a beijou.

Provavelmente você já percebeu que se trata das quatro princesas mais famosas dos contos de fadas: esses perfis correspondem respectivamente a Branca de Neve, a Cinderela, a Bela e a Aurora. E pode ser que pela primeira vez, ouvindo narrativas diferentes das contadas pela Disney, você tenha percebido alguns pontos de destaque sobre a personalidade delas:

O desfecho da história de todas acontece quando encontram um homem.

A vida delas era chata, vazia e solitária até esse desfecho.

Nenhuma é poderosa ou segura de si.

O hobby de todas envolve atividades atreladas ao lar: faxina ou, no melhor caso, ler — indicando que o lugar delas é dentro de casa/castelo.

Todas são odiadas (e boicotadas) por alguma outra mulher ou entidade feminina.

E o mais importante: nenhuma tem amiga.

Sim, essas são as histórias que pautam a infância de muitas de nós e que levam a maioria das garotas a passar a adolescência e a vida adulta procu-

rando o príncipe encantado. Nos ensinaram que elas são modelos que devemos seguir. Dependendo da sua idade, pode ser que tenha tido a sorte de conhecer princesas mais independentes e com motivações diferentes, como, por exemplo, a Tiana ou a Elsa. Mas o fato é que, embora esses padrões estejam começando a ser desconstruídos, muitas das princesas, modernas ou clássicas, tendem a ser isoladas, sem amigas.

Já no caso dos homens é diferente. Os meninos sempre tiveram ídolos fora do padrão Disney de qualidade. De *Cavaleiros do Zodíaco* a *Caverna do Dragão*, é muito fácil encontrar histórias que giram em torno de grupos de amigos cheios de força e ambição que sabem que podem contar uns com os outros para alcançar seus objetivos e tem noção de que a união é poderosa.

Essa mensagem, que nos é ensinada desde a infância pelos nossos personagens favoritos, é reforçada por homens e mulheres que reproduzem o machismo no dia a dia, com diversas atitudes e pensamentos que muitas vezes são vistos como normais.

MACHISMO =

{ o comportamento expresso por opiniões ou atitudes de uma pessoa que não aceita a ideia da igualdade de direitos e deveres entre os gêneros sexuais favorecendo o sexo masculino. }

Algumas das ideias machistas que estão diariamente em nossas vidas:

Mulheres precisam ser recatadas para não "perderem o valor".

A responsabilidade sobre a limpeza da casa é unicamente da mulher.

A responsabilidade sobre os filhos é sempre mais da mulher.

As mulheres não têm capacidade de fazer trabalhos braçais como dirigir, por exemplo.

Mulheres estão no mundo para competir por homens e eles são o centro de todas as relações.

Mulheres não têm capacidade de criar laços entre elas e são naturalmente rivais.

A frase **"Não se nasce mulher, torna-se mulher"** de Simone de Beauvoir, escritora, filósofa e feminista francesa traz a reflexão sobre o que é, afinal, SER mulher. Simone trouxe essa pergunta no livro *O segundo sexo*, publicado em 1949. De acordo com a filósofa, a mulher não é pautada por um destino biológico, mas sim criada dentro de uma cultura que a define. Ou seja: não existe nenhuma explicação biológica para essas teorias machistas já que o "nascer mulher" como a sociedade enxerga não existe.

A noção de que temos menos valor ou capacidade por sermos mulheres nos rodeia desde a infância. Em outras palavras, nascer um ser do sexo feminino significa para a nossa sociedade ter menos direitos, menos liberdade e mais deveres do que os homens. A maioria desses discursos já é identificada por muitas mulheres como machismo. Mas a ideia de que não temos a capacidade de

criar laços entre nós ainda passa despercebida por grande parte da sociedade, uma prova disso é o fato de que, de um modo geral, poucas pessoas conhecem o significado de sororidade. Nenhum fator biológico nos torna menos capaz que os homens de ser amigas, mas ouvir e acreditar nisso a vida toda, sim.

A crença de que não temos capacidade de ser gentis umas com as outras e que somos naturalmente rivais é apenas resultado de um discurso machista, nos enfraquece e ajuda a sustentar esse machismo estrutural. Como isso acontece?

1 **Quando acreditamos que não podemos manter a sororidade, perpetuamos a argumentação biológica infundada de que os homens têm habilidades de relacionamento que nós, mulheres, não temos.**

2 **Quando agimos como se fôssemos rivais perdemos a força que poderíamos ter caso usássemos a sororidade para nos empoderarmos.**

"Nossa, você deve ter uma autoestima muito boa para contratar tantas mulheres", ouviu uma ex-chefe minha. Esse é um exemplo perfeito de como não entender a força da sororidade faz com que o mundo tenha cada vez mais homens no poder: nós mesmas, desconhecendo a união, às vezes acabamos nos boicotando. E o fato é que no momento em que desempoderamos a mulher ao lado, sem perceber, desempoderamos a nós mesmas. Além dos fatores autoboicotes e desempoderamento, a ideia de que as mulheres são rivais nos coloca como segundo sexo, como definiu Simone de Beauvoir, por carregar o pensamento de que no fim das contas *"estamos no mundo para competir por homens"*, como aconteceu com muitas das clássicas princesas da Disney.

Em relacionamentos monogâmicos, quando o homem trai a companheira, é comum a mulher traída tirar satisfações com a amante — pois se sente ameaçada por ela — e não com o companheiro, com quem de fato mantém uma relação e um acordo social de fidelidade. Esse é mais um dos casos cotidianos em que esquecemos a sororidade e reproduzimos o machismo. Conte nos dedos: quantas vezes você já assistiu em novelas ou filmes a um enredo em que duas mulheres brigam por um homem, inclusive se sabotam e prejudicam suas vidas por isso. Agora tente lembrar quando viu uma história em que homens brigam por uma mulher. O segundo caso é muito menos comum que o primeiro, e, quando acontece, a personagem normalmente se sente lisonjeada por ser disputada por dois "machos alfa".

Na maioria das vezes, na ficção ou na realidade, ainda somos vistas, sim, como o segundo sexo.

A sororidade interessa a todas nós

Tente lembrar das aulas de história: em vários momentos da humanidade, colocar o povo contra o povo era uma tática que fazia com que o governo ficasse sempre muito confortável no poder. Quando a população está preocupada brigando entre si, não sobra capacidade ou energia para refletir sobre os abusos de poder. Como diz a letra de uma música: "O povo contra o povo satisfaz o inimigo."

Isso parece papo de Idade Média, mas é assim que andam nossas relações mulher + mulher. Enquanto perdemos tempo bri-

gando entre nós, deixamos de perceber os abusos que uma sociedade machista impõe à nossa vida e é dessa forma também que perdemos a perfeita oportunidade de fazer o caminho inverso: usar a nossa união para nos empoderarmos e lutarmos por uma sociedade mais igualitária.

Não é novidade para ninguém que mulheres que conseguem ultrapassar as barreiras do machismo e alcançar o seu lugar ao sol costumam ganhar a inimizade ou mesmo o ódio de muitos homens. Muitas são subestimadas e ofendidas em uma tentativa incisiva de desvalorização. "Aquela fez o teste do sofá", "Essa conquistou algum chefe" ou "O que essa aí fez para estar onde está, hein?" são frases que com certeza você já ouviu alguma vez na vida. Muitos homens, por exemplo, se sentem ofendidos quando descobrem que uma mulher conquistou um cargo mais alto que o seu, já que isso indica que ambos têm as mesmas condições de desempenhar determinado trabalho.

No meio profissional, essa disputa entre gêneros acontece bastante. Há quem diga que um homem, para chegar onde quer profissionalmente, precisa apenas ser bom, já a mulher precisa ser MUITO boa; afinal, além de preencher os requisitos profissionais, precisa ter estômago e determinação para superar boicotes e discriminações. Mas, via de regra, os homens se sentem menos ameaçados por mulheres, porque eles têm muito mais espaço, mais destaque e são mais valorizados dentro das empresas.

Perceber isso no nosso dia a dia pode ser assustador, mas é importantíssimo para que a gente entenda que não ter sororidade é desempoderar a mulher ao lado e a nós mesmas. Afinal, quanto menos mulheres empoderadas, menos representantes, e quanto menos representantes, mais longe estaremos de chegar aonde quisermos.

Infelizmente, segundo o relatório sobre a desigualdade de gêneros no mundo referente ao ano de 2015, divulgado pelo Fórum Econômico Mundial, no mercado de trabalho brasileiro os números são preocupantes: apenas 15% dos cargos de alto escalão são ocupados por mulheres.

Sim, em outras palavras, estamos "em apuros" juntas e perder tempo com rivalidade é ruim para todas. Já está mais que na hora de passarmos a cultivar a sororidade e, assim, empoderarmos umas às outras. Lembrando que

sororidade não é AMAR todas as mulheres e sim não ODIAR alguém só por ser mulher :-)

Sororidade e empoderamento na prática

Empoderamento: outra palavrinha ainda desconhecida de muitas, tanto que o software de processamento de texto faz questão de grifar em vermelho.

Empoderar = conceder ou conseguir poder

Empoderamento das mulheres. Assumir e estimular atitudes e decisões de forma mais igualitária entre homens e mulheres.

A ideia encantadora de empoderarmos a nós mesmas e às mulheres que estão a nossa volta é um exercício que desafia as relações patriarcais em que o homem é tido como um ser privilegiado e detentor do poder. Cada atitude de empoderar umas às outras contribui para uma sociedade mais igualitária e é uma ferramenta poderosa para que no futuro nossas filhas ou filhas de nossas amigas tenham tanta liberdade e oportunidades quanto os filhos. Logo, empoderamento e sororidade são irmãs *girlpower* e inseparáveis.

Empoderamento e sororidade: essas listinhas vão ajudar você a colocar em prática essas duas lindas palavras. <3

61

7 formas de empoderar as mulheres à sua volta:

- Entenda que todas têm as mesmas capacidades que os homens.
- Lembre a elas isso sempre que for preciso.
- Divida seu conhecimento com elas.
- Sempre que puder, dê oportunidades a uma mulher.
- Não as julgue pela aparência.
- Eleve a autoestima delas sempre que possível.
- Tenha sororidade com elas.

10 formas de colocar a sororidade em prática:

1. Não enxergue as mulheres à sua volta como rivais só por serem mulheres. ✔

2. Não use critérios diferentes para julgar homens e mulheres. ✔

3. Quando uma menina sofrer algum tipo de assédio ou violência sexual, nunca ache que a culpa foi dela. ✔

4. Não estimule os sentimentos de inveja ou rivalidade entre as mulheres à sua volta. ✔

5. Se sua amiga for traída pelo namorado, não coloque a culpa na outra menina envolvida. ✔

6. Quando uma desconhecida precisar de ajuda, coloque-se à disposição. ✔

7. Não incite qualquer tipo de competição entre as suas amigas. ✔

8. Tente não criticar abertamente as mulheres à sua volta. ✔

9. Não responsabilize suas amigas pelos filhos ou pela limpeza da casa. ✔

10. Na próxima vez que estiver em uma situação de risco na rua, observe: do seu lado pode haver outra mulher passando pela mesma insegurança. Que tal irem juntas? ✔

Sororidade na prática

A ideia de convidar outras mulheres para caminhar lado a lado em situações de risco causou curiosidade e encanto naquelas que entraram em contato com a página. A lógica é simples: o maior medo da maioria de nós é sofrer qualquer tipo de assédio ou violência sexual, logo, se nos unirmos a outra mulher, que provavelmente também sente o mesmo medo, estaremos mais protegidas. "Como não pensei nisso antes?", comentavam tantas seguidoras nas primeiras publicações.

Pela primeira vez, no lugar de focarmos no aspecto negativo e no sujeito masculino (ou seja, a violência cometida pelos homens), éramos protagonistas nessa história. Paramos de olhar para eles e demos destaque a nossa insegurança, passamos a enxergar a nós mesmas, até então invisíveis umas as outras — estávamos preocupadas demais prestando atenção nos homens que representavam perigo.

"Ontem, no ponto de ônibus, um homem falava sozinho, brigando com uma filha imaginária, e se aproximou de mim e de outra menina. Talvez, antes de conhecer o Vamos juntas?, eu tivesse me levantado e seguido para um local seguro sozinha. No entanto, inspirada nas histórias contadas aqui, convidei a menina para ir comigo. Ela suspirou tranquila e fomos juntas. Obrigada por mostrar que pequenas atitudes podem nos dar mais segurança."

Dyuli Soares, Caxias do Sul, RS

Existem diversos movimentos sociais que discutem os perigos da violência de gênero a que somos expostas, mas nenhum tinha como essência estimular as mulheres a olharem para as companheiras nas ruas a fim de mostrar que não estamos sozinhas.

Enxergar a mulher ao lado em lugares escuros, desertos ou perigosos era algo que milhares de meninas jamais haviam pensado em fazer. Ficar atenta para a hipótese de que uma moça na rua também pode estar precisando de alguma proteção ou apoio passou a derrubar diariamente barreiras gigantescas que existiam entre mulheres desconhecidas e abriu um canal de empatia capaz de desencadear várias mudanças.

"Era por volta de meia-noite e meia e eu voltava da faculdade para casa, de carro, dando carona para duas colegas. Numa rua principal da cidade, que estava muito deserta, vi uma menina andando apressada e sozinha em meio ao nevoeiro e um cara do outro lado da rua indo no mesmo sentido que ela. Num primeiro momento, deixei passar e segui adiante. Larguei minhas colegas em casa, mas aquela menina não saiu da minha cabeça. Voltei até aquela rua e acertei exatamente onde ela estava. Ofereci carona e ela aceitou quase chorando. Haviam roubado a bike dela no centro e ela voltava pra casa com muito medo. Deixei-a em casa e ela me agradeceu muito. Fiz isso porque, havia poucos dias, eu tinha visto essa página e passei a dar mais importância quando encontro meninas/mulheres sozinhas. Agora penso que posso ajudá-las se formos juntas."

Grazielle Meira,
Vitória da Conquista, BA

Desde o começo, a cada depoimento que recebíamos, era possível sentir que a sororidade contagiava as seguidoras. Quando viam a força em outras mulheres, elas acabavam se sentindo empoderadas e se mostrando imediatamente dispostas a colocar a ideia em prática também. A sororidade já estava sendo colocada em prática.

Naturalmente, o movimento passou a ser mais do que o "vamos juntas". Ele se tornou uma prova de que "estamos juntas" através de tantas histórias emocionantes que acabavam com qualquer dúvida sobre a força da sororidade.

Foi o caso, por exemplo, de uma estudante do ensino médio que havia sido vítima de violência sexual e, meses depois do ocorrido, continuava sentindo as dores do trauma. A família foi completamente abalada por conta daquela experiência: a menina sequer conseguia falar com o pai, pois evitava qualquer contato com homens.

Foi quando ela encontrou por acaso no Facebook uma imagem do *Vamos juntas?* com um depoimento que algum de seus amigos da rede havia compartilhado.

As cores rosa e amarelo chamaram a sua atenção. Ao ler o relato, instantane-amente se identificou com a história, visitou a página oficial e se apaixo-nou pelo movimento de sororidade e compaixão.

Naquele mesmo dia, a jovem, que não saía sozinha de casa havia semanas, colocou a mochila nas costas e se di-rigiu à porta. A família, surpresa, perguntou o que ela estava fazendo. "Vou para a escola porque hoje conheci um movimento que me fez ter a certeza de que não estou sozinha", respondeu ela. Essa história foi contata por sua irmã durante uma palestra sobre o *Vamos juntas?*, em uma cidade do interior do Rio Grande do Sul. "O movimento e o calor que ele passa através de tantas mulheres unidas salvaram não só a ela, mas toda a nossa família", relatou, chorando.

"Eu voltava do colégio sozinha à noite em um bairro do subúrbio de Recife quando, de re-pente, faltou luz na rua pela qual eu passava. Olhei para o lado e percebi que havia uma mulher do meu lado. Apressei o passo para

chegar até ela e andamos até o final da rua coladas uma na outra. Estávamos juntas e nada aconteceu! <3"

Joana Gabriela, Recife, PE

Nossas seguidoras sentiam que estavam acompanhadas de milhares de outras meninas e que juntas eram mais fortes e tinham mais poder para construir a sua própria liberdade.

O termo sororidade é universal e está dentro do coração de todas nós. O arrepio que sentimos ao ler cada história do **Vamos juntas?** é prova disso, um sentimento genuíno que envolve e une todas as mulheres que apoiam o movimento e que se sentem parte de um todo independentemente de idade, cor de pele, classe social, grau de instrução ou religião.

Milhares de mulheres juntas.
Milhares de mulheres fortes.

Milhares de mulheres que sabem que não são obrigadas a aceitar os abusos que passam nas ruas.

Milhares de mulheres que se empoderam através da sororidade.

"Todos os dias atravesso a praça inteira até chegar ao meu destino. Naquele dia senti que estava sendo seguida então apertei o passo. Logo uma moradora de rua veio ao meu encontro dizendo: "Oi! Hoje você também trouxe um pedaço de pão?" Percebi que ela não olhava para mim, mas para o homem que estava logo atrás. Ela segurou forte no meu pulso e continuou a falar: "Ah, não tem problema, não, me paga um café na padaria." Seguimos em direção à padaria e o homem desapareceu. Para a minha surpresa, ela contou que assistiu à entrevista da criadora do Vamos juntas? no Encontro com Fátima Bernardes da calçada de uma loja, e disse que sempre que pudesse ajudaria quem estivesse em apuros. Foi através dela, a Rosa, que conheci o movimento."

Rita Alves Ferreira dos Santos, Sapé, PB

Assim foi a história de Pepita e Rosa. Pepita passava pela Praça da Sé, em São Paulo, em uma manhã e sentiu que estava sendo seguida por um homem. Ao olhar para trás, não viu nada, então apenas apressou o passo. Foi quando Rosa, uma moradora de rua a abordou.

Rosa contou a Pepita que havia assistido a um episódio do programa *Encontro com Fátima Bernardes*, da Rede Globo, que falava sobre o *Vamos juntas?* e explicava a ideia de que uma mulher devia sempre ajudar outra que estivesse em perigo. Pepita é uma dona de casa de classe média e tem cinco filhos. Sobre Rosa, infelizmente, só sabemos que é moradora de rua. As duas têm experiências de vida muito diferentes, mas, naquele momento, naquela situação de risco, a sororidade falou mais alto. E, por sorte, Rosa lembrou do programa e resolveu chamar Pepita para dentro de uma padaria. Nenhuma diferença sociocultural foi maior que a sororidade e a empatia, nesse caso.

Pepita sequer conhecia o *Vamos juntas?*, foi Rosa quem lhe apresentou. A mulher não só procurou a página do Facebook como nos enviou sua história. Compartilhamos o relato e a repercussão foi tanta que Fátima Bernardes inclusive convidou Pepita para ir ao programa contar sua experiência. Junto à produção, Pepita tentou encontrar Rosa na praça onde elas se conheceram, mas não teve sucesso e se emocionou no palco ao lembrar a história.

Rosa contou a Pepita que, sempre que pudesse, ajudaria outra mulher, e esse foi o legado que ela deixou para a moça, que até hoje ajuda a espalhar a ideia do movimento e a sororidade para todas que conhece como forma de agradecimento. Essa é apenas uma das tantas correntes de sororidade que aconteceram graças ao *Vamos juntas?*. Correntes verdadeiras e arrepiantes que unem mulheres de vivências tão diferentes e que empoderam cada uma delas com a ideia de que juntas somos muito mais fortes.

Opa, estou mudando!

Milhares de mulheres passaram a mudar a forma como enxergam as outras a sua volta. Algumas muito jovens com "rivais" na escola começaram a perceber que na maioria dos casos não há motivo para tanta competitividade. Sabe a clássica briga de meninas para saber quem será a mais popular? Algumas já refletem sobre quão sem sentido é isso.

"Eu e uma garota brigávamos muito no colégio. Até que pegamos o mesmo ônibus e eu percebi que ela estava sendo secada por um cara. Quando chegou o nosso ponto, o rapaz desceu conosco e começou a segui-la. Fingi mexer no celular e corri atrás dela dizendo: "Gabi, o meu pai está me esperando na esquina, quer uma carona?" Agarrei no braço dela e o cara atravessou a rua. Depois disso passamos a nos falar normalmente e deixamos todas as discórdias naquele caminho."

Valeria Lourenço, Embu das Artes, SP

Não estamos propondo que se amem todas as mulheres. Um dos objetivos, não só do **Vamos juntas?**, mas de todo o movimento feminista, é fazer com que nenhuma mulher seja odiada apenas pelo seu gênero.

Quando nos identificamos com a vivência de outra mulher ou nos colocamos no lugar dela, a mágica da sororidade acontece.

vamos juntas?

"Antes, quando chegava no ponto de ônibus, mesmo que ali estivessem as mesmas mulheres todos os dias, eu colocava o meu foninho de ouvido e não falava com ninguém. Afinal, estamos todos cansados de um dia longo e cansativo. Mas hoje, depois de conhecer o movimento, *cumprimento e sorrio para todas!* É muito bom saber que estamos juntas!"

Jacqueline Claro

"Opa, estou mudando!", perceberam muitas meninas depois de conhecer o **Vamos juntas?**. Não era inteiramente consciente, mas, sim, havia algo diferente entre nós. Muitas passaram a comentar que ao andar pelas ruas lembravam do movimento e, por isso, passavam a se preocupar com outras mulheres e a ficar atentas ao que acontecia ao redor.

Em setembro de 2015, a jornalista Carla Peixoto usou o *Vamos juntas?* como objeto de pesquisa do seu trabalho de conclusão de curso do MBA em Mídias Digitais da Universidade Estácio, de Recife. O objetivo era entender como cada apoiadora do movimento compreendia a violência e como o movimento ajudava na mudança de atitude delas em relação às outras mulheres. Através de uma pesquisa de 16 perguntas, compartilhada na página e respondida por 8.114 seguidoras, foi possível traçar um perfil. As duas questões que tiveram resultados mais interessantes e esperançosos foram as seguintes:

O *Vamos Juntas?* provocou uma **mudança de atitude** em relação a você e a outras mulheres?

Sim! (91,2%)

**O *Vamos Juntas?*
ajudou você a se
sentir mais segura
ao transitar pelas ruas?**

Sim! (76,1%)

Esses números significam muito para o *Vamos juntas?*. Pela primeira vez foram gerados dados palpáveis sobre algo tão subjetivo. Com este resultado foi possível refletir sobre o impacto que a irmandade feminina exerce na vida das mulheres.

E, assim, constatamos que existem motivos para ver a vida através dos óculos da sororidade.

5 motivos de colocar a sororidade no seu dia a dia:

.1.
Uma voz é uma voz, várias vozes são uma multidão

São tantos acontecimentos que nos obrigam a fazer parte de uma sociedade sexista, não é verdade? O poder que temos juntas para mudar essa realidade no dia a dia é bem maior que se estivermos sozinhas. Já viu protesto de uma pessoa só? Se uma voz é uma voz, várias vozes são uma multidão. Estarmos juntas é progresso na certa, é jogo ganho.

.2.
Ame-a e ame-se

Já ouviu falar que, para amar os outros, é preciso antes amar a si mesma? No caso da sororidade, o contrário é verdade também. No momento em que passamos a fazer o exercício de amar a mulher ao lado, automaticamente, passamos a amar mais a nós mesmas, e desenvolvemos autoconhecimento através da empatia. Ter amor pela próxima adoça o coração e faz com que nos amemos mais.

.3.
Abra portas, abra janelas…

Enxergar a mulher ao lado com rivalidade ou indiferença desempodera-a e isso naturalmente faz com que ela tenha menos confiança e força para conquistar os seus objetivos — seja uma promoção no trabalho, identificar um relacionamento abusivo, lutar contra o padrão de beleza imposto etc. E se ela não consegue romper a barreira sexista, essa porta fica fechada para você também. Mulheres fortes que se destacam tornam possível que mais mulheres percebam sua própria capacidade e que nada pode impedi-las.

.4.
Compaixão gera compaixão

Quanto menos atitudes maldosas você tiver com as mulheres ao redor, menos maldade chegará até você. Sim, o mundo é uma corrente. Contagie as mulheres ao seu lado, e elas contagiarão outras, e assim por diante, formando uma corrente de compaixão, que certamente chegará de alguma forma novamente até você.

.5.
Trate bem, viva bem

Poxa, essa você já sabe: quanto mais a gente transmite amor e gentileza, mais temos esses sentimentos dentro de nós. Trate bem a mulher ao lado e, automaticamente, você criará um campo de felicidade e bem-estar para si mesma. Fazer o bem a outra é cultivar o bem dentro da gente.

Prontas para mudar cada dia mais a forma como enxergamos as mulheres à nossa volta? <3

O estereótipo do homem das cavernas é uma das primeiras representações que temos do convívio em sociedade. E uma das cenas mais populares dessa época, construída em nosso imaginário e retratada em filmes e desenhos animados, é a de um homem segurando um pedaço de pau em uma das mãos e, com a outra, arrastando uma mulher pelos cabelos. Portanto, a imagem da vida em sociedade mais antiga que conhecemos envolve a submissão da mulher. Na pré-história, o poder era determinado pela força, afinal, a atividade intelectual era pouco desenvolvida. Então, se hoje o que determina a nossa civilização são as nossas capacidades intelectuais, por que ainda passamos adiante tanta submissão e opressão?

Por muitos séculos, as mulheres acreditavam que não tinham condições de:

√ **Viver sozinhas.**
√ **Adquirir conhecimento.**
√ **Conquistar poder.**

Por muitos anos, vivemos em uma sociedade que pensava dessa forma. Como vimos até aqui, a mulher sempre foi educada a acreditar que tem menos condições, e por isso acabamos nos adaptando ao "segundo lugar". Esse é um dos grandes problemas do conceito de que os gêneros têm diferenças naturais e biológicas que justificam a submissão das mulheres à figura masculina.

Meninas	Meninos
Precisam se cobrir de forma "comportada" e estar impecáveis	Podem andar com qualquer roupa, de preferência confortável
Devem se sentar e se portar bem: "se comporte como uma mocinha"	Podem agir da forma que quiserem: "meninos têm muita energia e são agitados mesmo"
Aprendem a fazer as tarefas de casa	Não têm obrigação de ajudar em casa
Não podem brincar livremente, pois vão parecer mal-educadas e sem modos	Podem e devem brincar livremente
"Não suba nessa árvore, menina, vai se machucar!"	"Vai, filho, suba na árvore, seja corajoso!"
Brincam de bonecas e casinha	Brincam de carrinho, futebol, heróis

Os brinquedos são um bom exemplo do sexismo presente na nossa vida desde a infância. As brincadeiras das meninas costumam ser relacionadas a tarefas domésticas: cuidar dos filhos, cozinhar, arrumar a casa. Já as brincadeiras dos meninos são relacionadas à ação e aventura, cheias de liberdade: controlar veículos como carros, aviões etc., salvar o mundo, ser poderoso.

Outro comportamento que influencia diretamente a educação sexista é a ridicularização de meninos que fazem algo considerado feminino e que não se encaixe no padrão de macho alfa. Frases como "você corre como uma garota", "não grite que nem uma menininha", "homem não chora", entre outras, estão constantemente no nosso cotidiano, e grande parte das pessoas, infelizmente, não percebe o quanto isso é perigoso e contribui para uma sociedade menos igualitária. Os meninos que estão crescendo, e formando suas opiniões e comportamentos, aprendem, então, que ser comparados a uma mulher em seus momentos de fraqueza ou sensibilidade é ruim, e passam, assim, a reproduzir esse tipo de conduta social durante a vida inteira. Como consequência, a sociedade se acostumou a uma dinâmica em que a mulher está sempre na posição de servir ao marido, ao namorado, ao chefe e à família.

Por isso se torna tão pertinente a popularização do termo **empoderamento feminino**. Precisamos acreditar que somos capazes (e somos mesmo!) e perpetuar a noção de que podemos ser justas, felizes e até bondosas com pessoas que amamos, sem que isso boicote a nós mesmas. Que fique claro: amar e empoderar a si mesma não significa ser egoísta, é apenas ter certeza de que somos merecedoras desse mundo também.

É preciso entender que podemos e devemos:

√ **Respeitar a nós mesmas e ser respeitadas.**
√ **Amar a nós mesmas e ser amadas.**
√ **Cuidar e amar sem servir.**
√ **Ajudar e amar sem ser submissas.**

Empoderar significa nos apropriarmos do nosso direito de existir na sociedade.

E, para isso, precisamos não só reconhecer esse direito como também entender e ter certeza de que somos merecedoras.

Só luta pelos direitos quem sabe que eles existem, mas principalmente, quem se reconhece digno deles.

vamos juntas?

Existem **mulheres fortes** e existem mulheres que não descobriram a sua força *ainda!*

Tendo a certeza de que somos merecedoras de respeito e liberdade, nos empoderamos, e tendo sororidade entendemos quão juntas das outras mulheres estamos. Por isso, empodere a si mesma e às mulheres à sua volta cultivando a autoestima e a igualdade entre gêneros.

Atitudes nada empoderadas:

Achar que apenas a mulher é responsável pelas atividades da casa e por cuidar da família.

Culpabilizar a mulher quando ela sofre algum tipo de violência.

Condenar o corpo, as escolhas e o comportamento de outras mulheres.

Controlar a vida sexual ou amorosa delas.

Silenciar outras mulheres.

Culpabilizar a mulher de diversas formas pelo simples fato de ela ser mulher.

Discriminar por gênero, cor, orientação sexual ou transexualidade.

Atitudes empoderadas:

Ser e amar quem você é de verdade.

•

Aceitar seu corpo e ser feliz
consigo mesma.

•

Defender que nada justifica a violência
contra a mulher.

•

Entender que a mulher tem tanta liberdade
e capacidade quanto o homem para fazer
o que quiser.

•

Respeitar a opinião de outras mulheres
e sustentar a sua também.

•

Fazer suas próprias escolhas sem deixar que
a opinião dos outros te influencie negativa-
mente, seja em relação a vestimenta,
carreira, política ou comportamento.

•

Dizer não a qualquer tipo de abuso
e preconceito.

•

Sempre incentivar sua amiga, mãe, tia e todas as mulheres da sua vida.

•

Não cobrar das mulheres ao seu redor o padrão de beleza imposto pela mídia.

O trabalho de empoderamento deve ser interno — cultivando a nossa autoestima — e externo, sempre presente em todos os âmbitos da vida: família, escola, faculdade e, claro, mercado de trabalho. Neste último cenário, fica evidente a disparidade entre os sexos em nossa sociedade. Segundo o ranking de desigualdade de gênero publicado pelo Fórum Econômico Mundial no fim de 2015, o Brasil ocupa a 85ª posição entre 145 países, revelando o enorme abismo salarial entre homens e mulheres. Nos cargos de alto escalão, a participação das mulheres é de apenas 15% e, em média, ainda ganhamos US$ 8.500 a menos que os homens.

Em 2010, a ONG Mulheres e o Pacto Global criou os *Princípios de Empoderamento das Mulheres*, um conjunto de considerações para incentivar a comunidade empresarial a incorporar em seus negócios valores que visem empoderar as mulheres. O documento pontua:

- 1 -

Estabelecer liderança corporativa sensível à igualdade de gênero, no mais alto nível.

- 2 -

Tratar todas as mulheres e homens de forma justa no trabalho, respeitando e apoiando os direitos humanos e a não discriminação.

- 3 -

Garantir a saúde, segurança e bem-estar de todas as mulheres e homens que trabalham na empresa.

- 4 -

Promover educação, capacitação e desenvolvimento profissional para as mulheres.

- 5 -

Apoiar empreendedorismo de mulheres e promover políticas de empoderamento delas através das cadeias de suprimentos e marketing.

- 6 -

Promover a igualdade de gênero através de iniciativas voltadas à comunidade e ao ativismo social.

- 7 -

Medir, documentar e publicar os progressos da empresa na promoção da igualdade de gênero.

Para anotar e não esquecer:

> São amigas do empoderamento as expressões:
> **merecimento e direitos justos.**

> São inimigas do empoderamento as expressões:
> **culpabilização e deveres injustos.**

Vamos juntas nos empoderar?

Na pesquisa citada no capítulo anterior, feita pela jornalista Carla Peixoto, havia a seguinte pergunta:

> "Qual o principal motivo da sua insegurança?"

E a resposta mais votada não causou nenhuma surpresa.

Sentir medo por conta do machismo institucionalizado é, em outras palavras, sentir medo por saber que os homens a nossa volta ainda não entenderam que nosso corpo é nosso. Isso porque desde a infância recebemos doses homeopáticas de discursos que, aliados às nossas experiências, nos fazem acreditar na nossa submissão e fragilidade e que só nos resta nos conformar com essas dores: "É assim mesmo."

"Eu estava no ônibus, e uma menina se sentou num assento paralelo ao meu. Logo depois, um homem sentou ao lado e começou a encostar o braço nela, abria as pernas e se curvava para olhar as dela. Não aguentei e falei bem alto para a menina: "Tudo bem? Se estiver com algum problema, pode dizer, venha, sente aqui." Ela veio se sentar comigo, e ele, não satisfeito, quis discutir. Chamei a atenção de todo o ônibus pra que ele soubesse que ninguém teria medo. Enfim, ela me agradeceu, e eu agradeço ao Vamos juntas? que me fez entender o significado disso tudo!"

Gabriela Araújo Santos,
São Paulo, SP

Você lembra da primeira vez que foi assediada na rua? Provavelmente era criança e não entendeu direito o que estava acontecendo. Outras tantas viriam antes mesmo de você se considerar adulta. E passamos a acreditar que isso é normal e que precisamos aceitar ainda que machuque, afinal, eles "são homens" e "homens são assim".

Mas não, nada disso é normal. Nada disso é aceitável. E precisamos desenvolver a nossa segurança e autoestima, recuperando a posse sobre a nossa própria vida. O nome disso é

EMPODERAMENTO

Através das histórias publicadas diariamente na página do *Vamos juntas?* milhares de mulheres passaram a não ter mais dúvidas a respeito do direito sobre o próprio corpo. A cada relato de uma mulher que foi salva por outra com força e coragem, reforçamos essa ideia e retomamos o controle sobre nosso corpo. Além disso, os depoimentos formam uma corrente de empoderamento, uma mulher inspira a outra.

Antes do surgimento do movimento, muitas enxergavam segurança apenas em figuras masculinas: pai, namorado, amigo etc. Uma amostra grátis do resultado de uma sociedade sexista. Para estar segura na rua era preciso estar na companhia de um homem, afinal, eles supostamente têm força e capacidade de cuidar das mulheres caso algo aconteça. E pode ter certeza: a maioria de nós nem imaginava que pensar assim é desempoderador.

"Escutei uma moça chorando na rua, e vi um homem logo atrás gritando pra que ela fosse embora com ele. Desci correndo, chamei meus amigos e fui perguntar o que estava acontecendo. Pedi que ele se acalmasse e que ela fosse para o meu apartamento. Ele insistiu pra eu ir embora, mas depois de um tempo se acalmou. Disse que iria levá-la até o ponto de ônibus. Só deixei que a moça fosse embora quando vi que ela estava segura, e eu só conseguia pensar que ela estava prestes a entrar na casa de uma estranha pra fugir de um homem que conhecia bem. A sororidade é a arma mais importante, eficaz e maravilhosa que temos."

Karen Campos, Foz do Iguaçú, PR

Esta foi mais uma mensagem que a página passou a transmitir através dos depoimentos: **não precisamos ser salvas pelos homens; podemos, sim, salvar a nós mesmas**. E mesmo admitindo certa fraqueza ao querer estar ao lado de outra pessoa na rua para nos sentirmos mais seguras, quando nos damos conta de que não somos mais vulneráveis por sermos mulheres, nos libertamos da autoimagem de que somos indefesas. **E isso é MUITO poder!**

Melhor que empoderar a nós mesmas tendo a certeza da nossa força e capacidade, só se ao mesmo tempo empoderarmos a mulher ao lado através da potente ferramenta que é a sororidade. Colocar o **Vamos juntas?** em prática é uma ótima forma de empoderamento! Se é para nos aproximarmos de alguém na rua a fim de nos sentir mais seguras, que seja de outra mulher, para provar a ela e a nós mesmas que somos incríveis.

Lista de mulheres empoderadas da história
(para você se inspirar!)

Berta Lutz — Bióloga e uma das responsáveis por trazer o feminismo ao Brasil. Lutou diretamente para que as mulheres pudessem votar no Brasil.

Chiquinha Gonzaga — Compositora e musicista que expunha fortemente sua posição com relação à sociedade machista.

Coco Chanel — Grande nome do mundo da moda, foi a primeira a adaptar modelos de roupas antes vistos como masculinos para o universo feminino.

Frida Kahlo — Artista plástica e ativista política que é um ícone da criatividade e da força feminina.

Joana d'Arc

Heroína francesa que tinha seu próprio exército e que lutou na Guerra dos Cem Anos.

Malala Yousafzai

Vencedora do Nobel da Paz de 2015, é uma paquistanesa que com apenas 17 anos luta pelo direito das mulheres à educação.

Maria Quitéria de Jesus

Militar brasileira que se disfarçou de homem para poder lutar contra os portugueses na Guerra da Independência.

Marie Curie

Física e química polonesa, foi a primeira mulher a ganhar um Prêmio Nobel e a primeira pessoa a ganhar dois prêmios Nobel em áreas diferentes.

Simone de Beauvoir

Escritora, filósofa e ativista feminista, autora da obra *O segundo sexo*. Famosa pela frase "Não se nasce mulher, torna-se mulher".

Valentina Tereshkova

A primeira mulher a viajar para o espaço em 1963.

Você

Seja a mulher inspiradora da sua vida e espalhe empoderamento por onde passar!

nunca deixem que digam que não somos *incríveis* e lembrem-se que juntas somos *melhores* ainda.

Vamos juntas?

Pode ser que você não tenha percebido, mas os assuntos tratados nesse guia (sororidade e empoderamento) são temas do universo feminista. Talvez agora, sabendo disso, você tenha se assustado e ficado confusa, tudo bem, isso ainda é normal. Mas não tenha receio, o *feminismo* pode ser o nosso melhor amigo.

O QUE É FEMINISMO?

Segundo o *Dicionário Aurélio da Língua Portuguesa*, feminismo é:

> **"Sistema dos que preconizam a ampliação legal dos direitos civis e políticos da mulher ou a igualdade dos direitos dela aos do homem."**

Ou, em termos populares, feminismo é a ideia de que mulheres também são gente.

"Ué, mas eu ouço tanta coisa diferente por aí." Sim, muita, muita gente mesmo, não sabe o que é feminismo e grande parte das mulheres não apoia o movimento apenas porque tem uma ideia equivocada do mesmo.

FEMINISMO É

Igualdade de gêneros.
Liberdade para as mulheres.
"Homens mandam. Mulheres também!"
Uma conversa, uma discussão,
sobre igualdade de gêneros.

FEMINISMO NÃO É

Mulheres X Homens.
O contrário de machismo.
Misandria (ódio ou desprezo aos homens).
Hierarquia de gêneros.

Humanismo: Valorização do ser humano sem se servir da religião e ou do sobrenatural

Femismo: Comportamento que coloca o sexo feminino em superioridade ao sexo masculino

Misandria: Repulsa e discriminação ao sexo masculino, associada à violência contra o homem

Feminismo: Movimento que luta por direitos iguais entre gêneros

Misoginia: Repulsa e discriminação ao sexo feminino. Também associada à violência contra a mulher

Machismo: Comportamento que coloca o sexo masculino em superioridade ao feminino

Sexismo: Comportamento que privilegia um gênero ou orientação sexual em detrimento de outro

Existem feministas que pensam que as mulheres precisam se sobrepor aos homens ou ainda que os desprezam, mas essas são características individuais ou de vertentes mais radicais do movimento ou da sua essência. Misandria e hierarquia de gêneros NÃO representam o feminismo.

No feminismo mora, sim, o anseio de ver mais mulheres ocupando, ao lado dos homens, os planos econômico, social e cultural. Contudo, é mais que isso. É adotar a postura de enxergar, refletir e se indignar com todas as opressões que as mulheres vivenciaram e ainda vivenciam. Muitas dessas desigualdades parecem óbvias, outras, nem tanto, por estarem enclausuradas em situações de machismo velado.

Atualmente no Brasil:
√ **Podemos votar.**
√ **Podemos estudar.**
√ **Podemos trabalhar.**
√ **Podemos praticar esportes.**
√ **Podemos nos expressar.**
√ **Podemos escolher quando teremos filhos.**
√ **Podemos escolher com quem vamos casar.**
√ **E podemos ainda escolher se queremos ou não fazer tudo isso.**

Todos esses direitos foram conquistados ao longo de décadas por mulheres que não aceitaram ser submissas e foram atrás de seus direitos. Você consegue imaginar que poucas décadas atrás as mulheres não podiam fazer as atividades listadas na página anterior? E, que, em algumas partes do mundo, elas ainda não podem? Diante disso, parece absurdo perguntar *"Quem precisa do feminismo?"*, não é?

Mas não se deixe levar só porque muitos direitos já foram conquistados, ainda temos um longo caminho a percorrer. E um dos maiores exemplos da desigualdade de gêneros que está enraizada na nossa sociedade — e que torna o feminismo tão pertinente hoje — é a violência contra a mulher.

O machismo institucionalizado e a violência que ele gera são evidências gritantes de que ainda precisamos, sim, do feminismo. De que direito estamos falando? O direito à própria vida e ao próprio corpo.

Segundo o Mapa da Violência 2015, os números de violência contra a mulher aumentaram, e o Brasil é o quinto país do mundo entre os mais violentos para as mulheres. Treze mulheres são mortas todos os dias no país. Quanto às agressões, 31% delas acontecem na rua, e 27%, na casa das vítimas. Os agressores costumam ser pessoas próximas das vítimas. Segundo o 9º anuário do Fórum Brasileiro de Segurança Pública, apenas em 2014 ocorreram 47,6 mil queixas de violência sexual, o que equivale a um estupro a cada 11 minutos — e esses são apenas os que foram registrados.

Mas a violência contra a mulher não ocorre apenas quando ela é agredida fisicamente.

Também é violência contra a mulher quando:

√ **A mulher é assediada oralmente na rua.**
√ **Alguém toca seu corpo sem consentimento.**
√ **Alguém age como se seu corpo não fosse seu.**
√ **A mulher está sujeita a condições de dependência, pressão ou degradação psicológica.**
√ **É constantemente ofendida por qualquer pessoa de seu convívio.**

Todas essas violências de gênero ainda são toleradas por muitas pessoas, encaradas como uma dinâmica normal dos relacionamentos. E, nesse momento, essa é uma das principais pautas do feminismo: fazer com que as mulheres entendam que não são obrigadas a passar por situações que as machucam (física ou psicologicamente), que são, sim, donas do próprio corpo e podem e devem lutar contra esses abusos. Apoiar um movimento como o *Vamos juntas?*, por exemplo — que deixa claro que é nosso direito ir e vir em segurança e liberdade —, é ser feminista.

"*Homem também morre*", muitos argumentam. Mas é simples: **apenas as mulheres são vítimas da violência de gênero**. E um jeito fácil de entender esse fenômeno é inverter os papéis. Muitos homens matam ou ferem suas parceiras por não se conformarem com o fim do relacionamento. Agora, tente imaginar o contrário. Não costumamos ver casos de mulheres que matam, sequestram ou machucam parceiros por ciúmes ou término.

Por conta da violência de gênero foi sancionada no Brasil, em março de 2015, a Lei do Feminicídio (lei nº 13.104), que define o feminicídio como um homicídio qualificado e hediondo. Dessa forma, casos de violência doméstica e familiar ou discriminação contra a condição da mulher passam a ser vistos como qualificadores do crime. Crimes hediondos são considerados de extrema gravidade e recebem um tratamento mais severo por parte da justiça. Homicídios simples têm pena entre 6 a 12 anos, e os qualificados, entre 12 e 30.

Muitas mulheres que sofrem agressão não buscam seus direitos porque acabam naturalizando a violência ou o comportamento abusivo. Elas sem dúvida sofrem, mas não se sentem dignas e empoderadas o suficiente para reagir. Aí entram algumas das questões do feminismo que já falamos tanto por aqui: precisamos entender que não merecemos ser violentadas. E garantir que todas as mulheres saibam disso e se sintam empoderadas é um dever do feminismo, e todas nós podemos lutar por isso.

Mas, afinal, o que eu preciso fazer para apoiar o feminismo? Simplesmente passar a enxergar o mundo pelo olhar crítico que identifica e problematiza qualquer tipo de desigualdade de gênero (talvez você até já faça isso sem saber!). Para isso, é preciso sempre acreditar no poder e na capacidade da mulher, desconstruir a ideia de que somos naturalmente submissas, buscar a igualdade e combater a violência de gênero. Lembra aquela teoria da Simone de Beauvoir de que a mulher é vista como o segundo sexo na sociedade? Não precisamos nos conformar com ela! Regule a sua vida a partir dessa visão e coloque a igualdade de gêneros em prática no seu dia a dia sempre que possível.

Não há um livro de regras do feminismo. Cada mulher pode buscar sua própria conduta feminista. Cada uma deve encontrar a melhor forma de colocar o feminismo em prática, desde que seja pautado pelo lema da igualdade. Construa o seu feminismo, empodere a mulher ao lado, tenha sororidade com todas e vamos juntas fazer a revolução!

Linha do tempo das conquistas feministas
(para inspirar você a continuá-las!)

1791 A revolucionária francesa, Olympe de Gouges, lança "Declaração dos Direitos da Mulher", um manifesto que denunciava a Declaração dos Direitos do Homem como sexista. Ela foi decapitada.

1792 Mary Wollstonecraft, na Inglaterra, escreve "A Vindication of the rights of women" (Uma Reivindicação pelos Direitos da Mulher).

1827 É criada, no Brasil, a primeira legislação que contemplava educação de mulheres.

1848 Em Seneca Falls, Nova York, acontece o primeiro encontro sobre direitos das mulheres.

1879 O governo brasileiro permite que mulheres ingressassem no ensino superior, mas aquelas que estudassem passavam a ser vistas com maus olhos pela sociedade.

1881
✱
Mulheres inglesas e escocesas ganham o direito de jogar a primeira partida registrada de futebol feminino.

1893
✱
Nova Zelândia é o primeiro país a conceder o direito de voto às mulheres.

1900
✱
Mulheres conquistam o direito de disputar provas olímpicas.

1918
✱
Bertha Lutz, uma jovem bióloga, publica uma carta denunciando o sexismo e propõe uma associação de mulheres.

1920
✱
Mulheres adquirem o direito de voto nos EUA.

1922
✱
Bertha Lutz cria a Federação Brasileira pelo Progresso Feminino.

1932
Mulheres passam a ter o direito de voto no Brasil.

1949 Simone de Beauvoir, escritora francesa, lança o livro *O segundo sexo*, em que analisa a condição da mulher na sociedade.

1951 Organização Internacional do Trabalho aprova a igualdade de remuneração entre homens e mulheres.

1974 Izabel Perón torna-se a primeira mulher presidente na Argentina.

1977 O dia 8 de março é adotado pelas Nações Unidas como Dia Internacional da Mulher, para que o mundo não se esquecesse das conquistas sociais, político-econômicas e culturais das mulheres. A data havia sido estabelecida como dia da mulher em diversos outros momentos no passado, se referindo a diferentes acontecimentos históricos de luta pela igualdade de direitos entre os gêneros.

1979 Estados firmam a Convenção Contra Todas as Formas de Discriminação Contra a Mulher, CEDAW.

1980 ✱ Encontro Feminista de Valinhos, em São Paulo, recomenda a criação de centros de autodefesa para inibir a violência contra a mulher. Surge o lema "Quem ama não mata".

1983 ✱ São criados em São Paulo e Minas Gerais os primeiros conselhos estaduais para criar políticas públicas para as mulheres.

1985 ✱ Cria-se a primeira Delegacia de Atendimento Especializado à Mulher — DEAM, em São Paulo. É criado também o Conselho Nacional dos Direitos da Mulher — CNDN.

1988 ✱ É criada no Rio Grande do Sul a primeira Delegacia de Defesa da Mulher.

2006 ✱ É criada a Lei Maria da Penha.

2010 A ONU lança os "Princípios de Empoderamento das Mulheres."

Legado: a nova geração

Mais de 31% das apoiadoras do movimento têm menos de 18 anos o que, até o fechamento deste guia, significa mais de 80 mil jovens que entram em contato com as postagens do *Vamos juntas?* diariamente. Esses números significam que milhares de meninas estão acompanhando histórias e postagens cheias de empoderamento e sororidade antes mesmo de se tornarem adultas e frequentarem o meio acadêmico e o mercado de trabalho, e, em alguns casos, antes mesmo de andarem sozinhas na rua.

"Era uma vez uma princesa que podia se vestir como queria, se casar com quem quisesse (e se quisesse!) e que era livre para viver aquilo que tivesse vontade", certamente hoje seríamos mulheres diferentes se tivéssemos crescido ouvindo histórias como essa. Se todas ainda estamos fadadas a viver em um mundo sexista, preparar as meninas para essa realidade é uma ótima ideia. Em muitos casos nem a família nem a escola sabem da importância de discutir a igualdade de gêneros, e é aí que entra o poder mágico que as redes sociais podem ter.

O **Vamos juntas?** já chegou a receber mensagens de meninas de 11, 12 anos, que contam como se sentiram mais empoderadas depois de conhecer o movimento ou como foi difícil ouvir homens mais velhos assediando-as. Muitas vezes, por serem tão jovens, elas não compreendem a gravidade dos assédios, se culpam e ficam com vergonha de contar para pessoas que podem ajudá-las. É em situações como essa que a missão do movimento se fortalece ao aproximar, através da empatia e da sororidade, meninas e mulheres que sofrem com uma sociedade machista e sexista.

Compartilhamos essas mensagens porque achamos importante para a formação de cada uma das nossas seguidoras (seja para confortar ou para colocar o feminismo em debate e incentivar a sororidade), e, ao mesmo tempo, nos sentimos esperançosas a cada história que recebemos de meninas tão jovens que conseguiram colocar em prática algo que aprenderam na página: disseram não à rivalidade feminina ou tomaram uma atitude frente a algum assédio. "Ah, se eu tivesse conhecido esses conceitos quando era da idade delas", comentam muitas seguidoras quando publicamos depoimentos de jovens empoderadas.

E a lógica é simples: quanto antes tivermos lucidez sobre o feminismo, por menos tempo sofreremos com a manipulação de uma sociedade machista. A frase "esse assunto não é para a sua idade", que ouvimos muito por aí, esconde uma subestimação da inteligência dessas jovens e descarta um potencial transformador.

Nunca é cedo demais para conversar sobre assédio, machismo, desigualdade de gênero, empoderamento ou sororidade. Se as crianças vivem no mesmo mundo que os adultos, cercadas pelas mesmas informações, é muito coerente ensiná-las a ter discernimento sobre mensagens preconceituosas e sexistas. Em vez de ensinarmos às meninas como devem se comportar para evitar assédios (não use roupa justa ou curta, não beba, não saia à noite e volte sozinha de madrugada), podemos explicar a elas por que essas coisas acontecem e que precisamos mudar essa realidade.

Elas são, sem dúvidas, a esperança. Se hoje, nossas seguidoras mesmo tão novinhas já são empoderadas, imagina quando forem adultas. A nova geração é a que mais tem contato com as redes sociais e as que mais interagem com a página, e sabemos que elas fazem questão de espalhar o *Vamos juntas?* para todas as amigas e os colegas de escola. E é por causa delas que o movimento existe. São a esperança de que, num futuro próximo, não precisaremos lutar tanto por direitos tão básicos, pois todas as mulheres já serão respeitadas e serão poderosas!

Enquanto isso não acontece, sigamos na luta, carregando as bandeiras da sororidade, do empoderamento e da igualdade! E façamos tudo isso juntas!

Moça, esqueça a competição. Não somos rivais e isso é *revolução*.

sejamos a esperança, sigamos juntas!

Em menos de meio ano de existência o *Vamos juntas?* conquistou milhares de seguidoras, ganhou espaço nos maiores veículos de comunicação nacionais e internacionais e mudou a minha vida e a de centenas de mulheres. Foi como se o movimento tivesse adquirido vida própria e se irradiado de uma forma mágica e surreal.

Entre tantas entrevistas que dei desde a criação do movimento, há uma pergunta que nunca falta: "A que você atribui o sucesso do *Vamos juntas?*" E a resposta é sempre a mesma: ele supre a necessidade de empoderamento das mulheres. É importante nos empoderarmos. É importante termos sororidade. É importante estarmos unidas.

A violência contra as mulheres sempre existiu e, infelizmente, faz parte do nosso cotidiano. Segundo o Mapa da Violência de 2015, o número de mulheres vítimas de homicídios no Brasil, por exemplo, cresceu 21% em 10 anos. Se a violência de gênero não está diretamente ligada a nossa realidade, ela faz parte de alguém próximo — e muitas vezes nem percebemos que aquela conhecida, ou até amiga, é uma vítima, justamente, pela falta de discussão sobre o tema.

Estamos vivendo em um período no qual as mulheres estão começando a se abrir, a falar sobre suas questões, sem tanto medo, e isso faz toda a diferença. Quanto mais compartilhamos nossas experiências, mais nos identificamos com a próxima e mais conseguimos nos posicionar. Sair de casa sem medo é cada dia mais difícil, e ficou impossível manter-se indiferente à nossa realidade enquanto mulheres brasileiras.

Que é difícil ser mulher em espaços públicos, ou em qualquer lugar, não é novidade para ninguém. O que não sabíamos é que nós mesmas somos parte da solução e que a nossa união, ainda que não solucione totalmente o problema, pode nos colocar como protagonistas desse jogo. Precisávamos de uma nova forma de tentar, de uma esperança.

E essa é a relevância do *Vamos juntas?*. É isso que explica por que o movimento atingiu tantas meninas e mulheres. Estamos falando de solucionar, em parte, um problema real e cotidiano de forma empoderadora e revolucionária que é capaz de gerar muitas mudanças:

a união das mulheres.

A palavrinha agora tão íntima para você também, a tal sororidade, é pertinente, é necessária, é relevante. E, quando passamos a conhecê-la, se torna impraticável imaginar uma mudança sem ela.

Sigamos espalhando a sororidade por aí. Que ela passe a modificar também a sua forma de ver o mundo e que juntas façamos a revolução na rua, em casa, no trabalho e em todos os ambientes em que quisermos estar.

Por um mundo mais seguro, justo e livre, vamos juntas!

Gratidão

À Gui Liaga, minha agente literária, por me mostrar que este livro, até então apenas um sonho, era, sim, possível.

À Galera Record, principalmente a Ana Lima, por abraçar com amor e entusiasmo a ideia deste guia.

Às amigas Bruna, Claudia, Stephanie e Vika, que muito me ajudaram no início do *Vamos Juntas?*

À Gabriela, amiga há 18 anos, por ser para a minha vida um sinônimo lindo e forte de sororidade.

Ao Kaio, meu pai, pelo futebol, pelo autorama e pelos carrinhos que sempre me mostraram que ser menina ou menino é um mero detalhe.

À Rosa, minha mãe, que através das suas experiências me mostrou quão forte e empoderada pode ser uma mulher.

Ao Rodrigo, meu companheiro de vida, que me torna a cada dia uma mulher mais corajosa para perseguir meus sonhos (por mais loucos que pareçam!).

Às feministas que lutam, cada uma ao seu modo, por um mundo mais igualitário e que há décadas são responsáveis por tantos avanços a favor da igualdade.

Às apoiadoras do *Vamos juntas?* que me inspiram diariamente com suas histórias e carinho e que foram as responsáveis por me empoderar dia após dia para que eu continuasse regando esse movimento, fazendo com que ele crescesse e florescesse cada vez mais.

♥

O texto deste livro foi composto nas fontes *lillybelle*, desenhada por Emily Spadoni; **Courier Prime**, desenhada por Quote-Unquote Apps e **Arial Rounded MT Bold**, desenhada por Robin Nicholas e Patricia Saunders. Miolo impresso em papel off set 90g na Prol Gráfica.

vamos juntas?

Já andou sozinha pela rua e

se sentiu em situação de risco?

A menina que está ao seu lado também.

#movimentovamosjuntas

#movimentovamos juntas

- Início do *Vamos Juntas?* em 30/7
- Mais de 5 mil curtidas em 24 horas
- 10 mil curtidas em 48 horas
- 50 mil curtidas em 6 dias
- 100 mil curtidas em 2 semanas e meia
- 230 mil curtidas em 2 meses e meio!

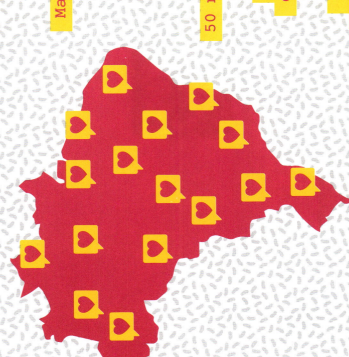

#movimentovamos juntas

vamos
juntas
¿somos?

vamos juntas?

— Oi, estou indo para aquele lado, vamos juntas?

Se não for amizade, vira.

Se já for, fortifica. <3

#movimentovamosjuntas

vamos
juntas?

vamos juntas?

"Por um mundo em que **nenhuma mulher** passe por nada de ruim.

Mas enquanto isso não acontece, que tenhamos **umas às outras <3**"

Nina Lessa, Rio de Janeiro

vamos juntas?

#movimentovamosjuntas

vamos juntas?

SO.RO.RI.DA.DE

substantivo feminino

1. Grupo de irmãs.
2. Reunião entre mulheres que se reconhecem irmãs formando um grupo político e ético na luta pelo feminismo contemporâneo.
3. Essa coisa **linda** que tem acontecido por aqui. <3

#movimentovamos juntas

vamos
juntas?

#movimentovamos juntas

vamos
juntas?

vamos juntas?

Existem **mulheres fortes** e existem mulheres que não descobriram a sua força **ainda!**

vamos
juntas?

#movimentovamosjuntas

vamos juntas?

Moça, esqueça a competição.
Não somos rivais e isso é
revolução.

#movimentovamosjuntas

vamos, juntas?